un stégosaure

une Chinoise

une automobile Benz

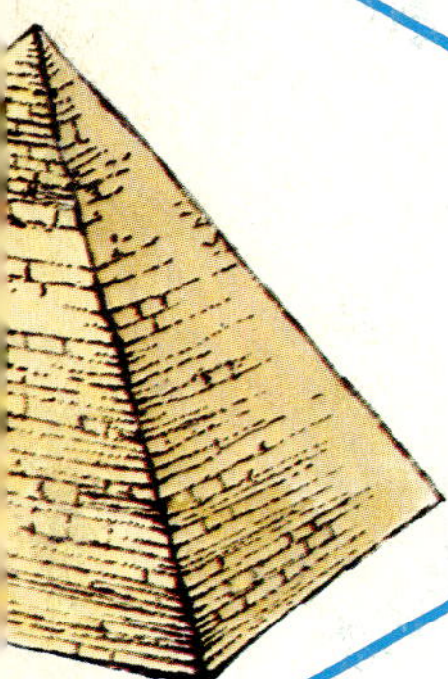

un roi

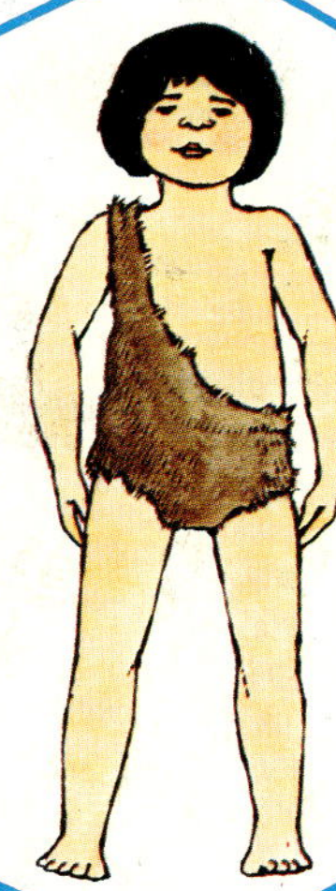
un homme des cavernes

Tu trouveras les réponses à la fin du livre.

un drakkar

un Romain

un colon

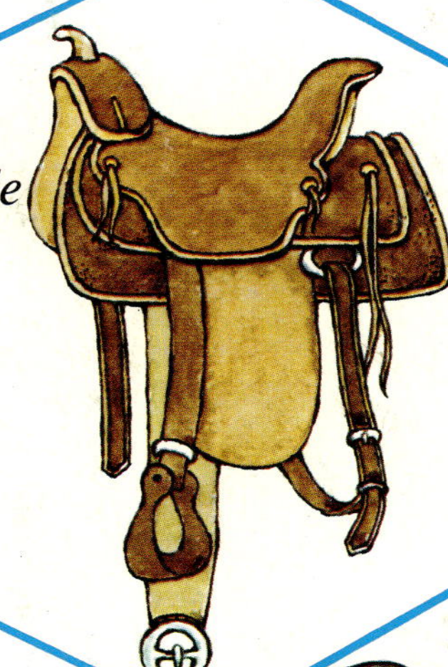
une selle

un papoose

un chevalier

un diplodocus

Conçu et produit par
Grisewood and Dempsey Ltd Elsley House,
24-30 Great Titchfield Street, Londres W1

ISBN 361 04181 0
ISBN 2-261-00430-3
Imprimé et relié par
Vallardi Industrie Grafiche, Milan

Partons à la découverte du passé

Texte de Deborah Manley
Illustré par
Moira et Colin Maclean, Kailer-Lowndes
et Sally Gregory
Adapté de l'anglais par Anne et Corinne DUQUENELLE

G.P. ROUGE ET OR

Table des Matières

Le monde des dinosaures

Il y a longtemps, très longtemps, des millions d'années avant que les hommes apparaissent sur la Terre, d'énormes reptiles appelés dinosaures peuplaient le monde. Ce dessin te montre la taille qu'ils pouvaient atteindre.

Le stégosaure était protégé par les écailles pointues qui hérissaient son dos.

Le diplodocus est le plus long animal qui ait vécu sur la terre.

Certains dinosaures étaient assez petits.

Le tyrannosaure mangeait les dinosaures moins gros que lui.

La taille de créatures d'aujourd'hui

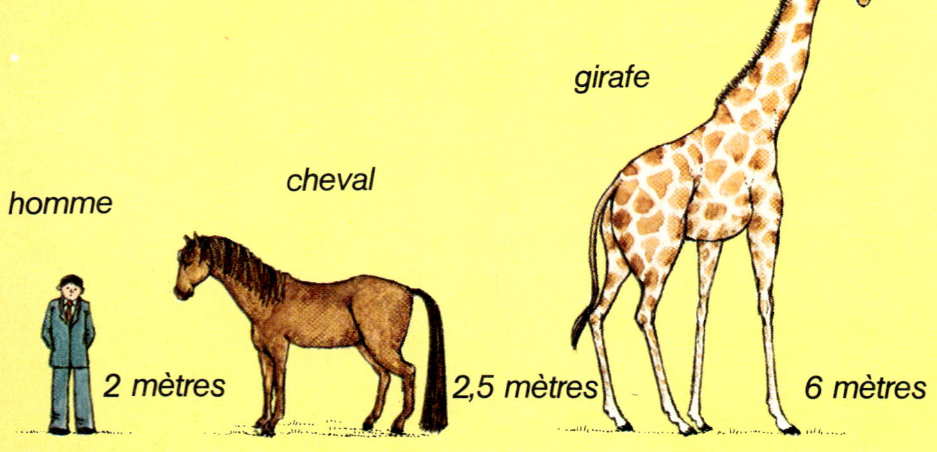

Les ailes du ptéranodon étaient faites d'une membrane ressemblant à de la peau. Il pouvait planer dans le ciel.

Le plésiosaure vivait dans la mer et chassait les poissons.

Comment avons-nous retrouvé la trace des dinosaures?

Quand ce tyrannosaure est mort, il est tombé dans la boue.

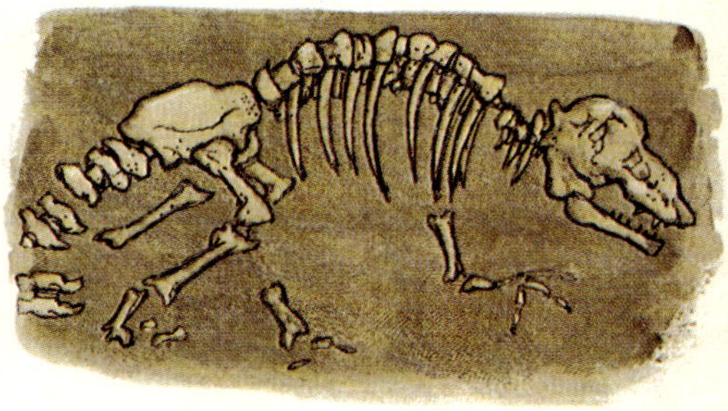

Longtemps, très longtemps après, ses os ont été recouverts de boue et de pierre. Ils se sont transformés en fossiles.

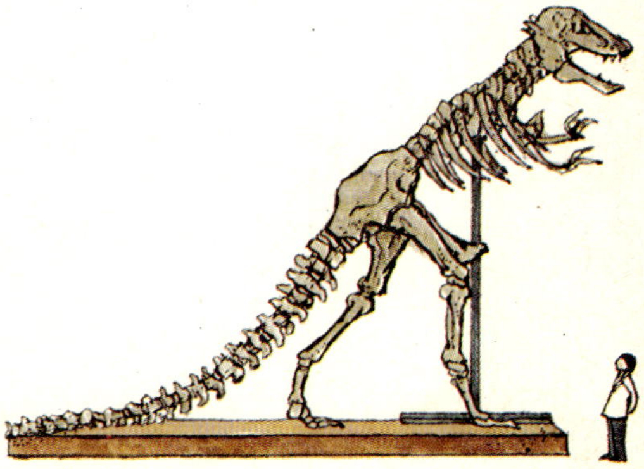

En retrouvant ces fossiles, les savants ont pu reconstituer le tyrannosaure.
Ils ont mis son squelette dans un musée, où tu peux venir le voir.

La vie des hommes des cavernes

Il y a longtemps, très longtemps, les hommes vivaient dans des cavernes. Ils chassaient les bêtes sauvages et se faisaient des vêtements avec leurs peaux. Ils cuisaient et mangeaient leur viande.

Comment l'homme des cavernes fabriquait des outils

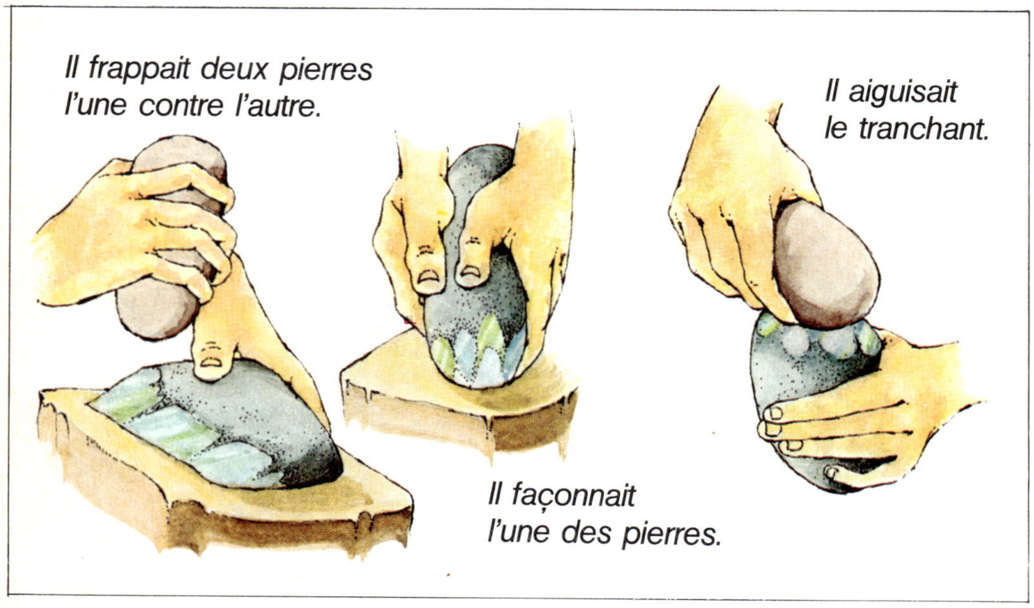

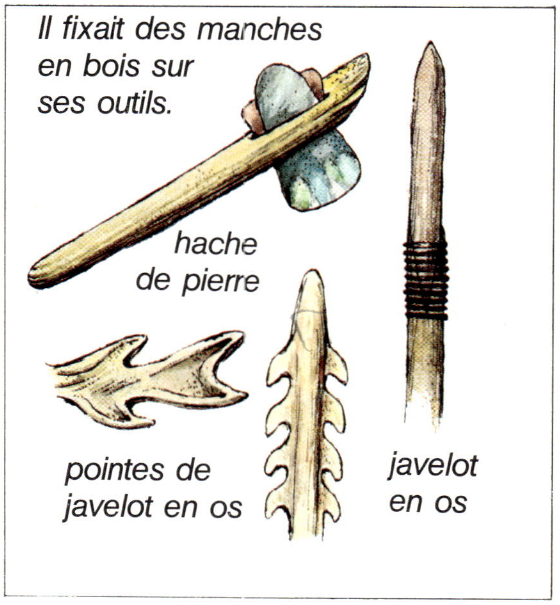

Certains hommes des cavernes dessinaient et peignaient des animaux sur les parois de leurs grottes.

Les bijoux des hommes des cavernes

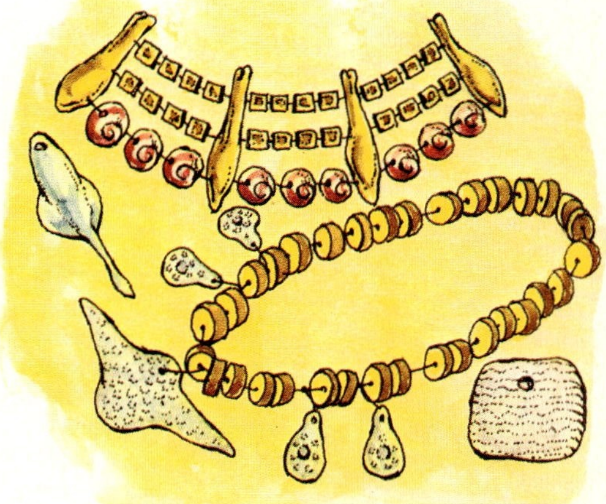

Les hommes des cavernes fabriquaient des colliers avec des os et des coquillages

Découpe ces formes dans du carton.

Colorie-les comme des os et des coquillages.

Perce un petit trou dans chaque morceau de carton.

Enfile-les sur un cordon pour en faire des colliers et des bracelets.

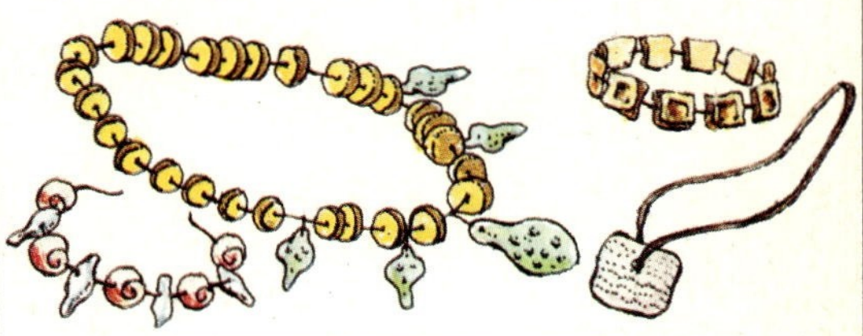

Comment les hommes des cavernes fabriquaient leurs vêtements

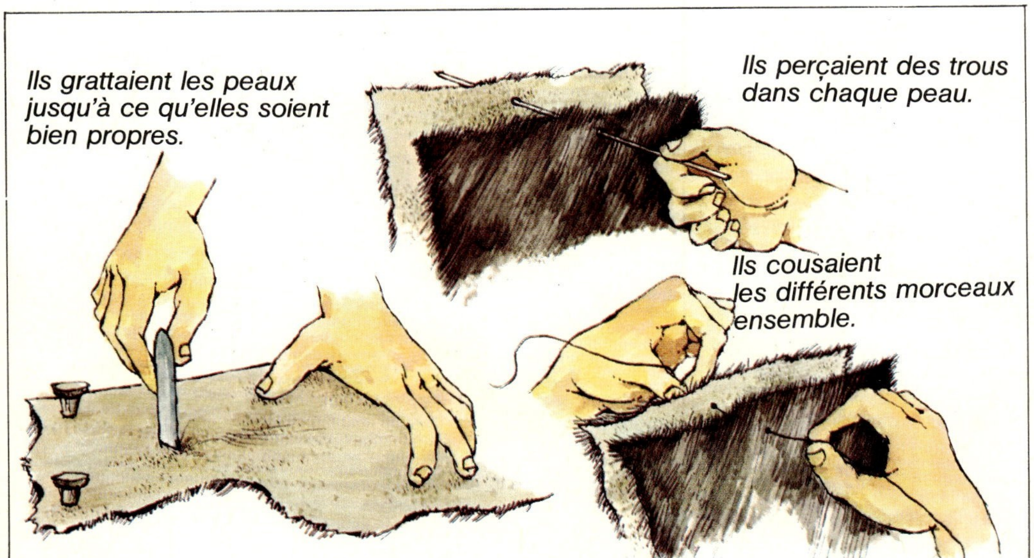

La construction des pyramides d'Egypte

Il y a longtemps, très longtemps, les Egyptiens ont construit d'énormes pyramides. Ces pyramides étaient en pierre. Les Egyptiens enterraient leurs rois et leurs reines à l'intérieur.

Ils taillaient de grands blocs de pierre.

Ils mesuraient les blocs et les coupaient à la taille exacte.

Ils tiraient les blocs jusqu'au site de la pyramide.

Ils transportaient les énormes blocs de pierre sur des bateaux, qui descendaient le fleuve.

Ils hissaient les blocs sur de longues rampes de terre.

Avec ces blocs de pierre, ils construisaient leurs énormes pyramides.

Les dieux de la Grèce antique

Il y a bien longemps, les habitants de la Grèce croyaient qu'il existait beaucoup de dieux. Ils racontaient de belles histoires sur ces dieux.

Voici quelques-unes des histoires que les Grecs de l'Antiquité racontaient sur leurs dieux.

Comment les soucis ont envahi le monde

Les dieux ont envoyé une grande boîte à Pandore et à son mari, en leur recommandant bien de ne pas l'ouvrir.

Mais Pandore voulait voir ce que contenait la boîte. Elle l'a ouverte. Et c'est alors que tous les soucis du monde se sont envolés.

Comment Arachne est devenue une araignée

Arachne tissait une toile merveilleuse.
Elle se croyait capable de tisser
mieux que la déesse Athena.

Athena a fait un concours de tissage
avec Arachne. Mais Arachne
s'est moquée d'Athena.

Athena a alors
transformé
Arachne en araignée,
en lui disant :
« Tu tisseras
et fileras
pour l'éternité ! »

Prométhée vole le feu

Prométhée a volé le feu aux dieux.
Il l'a donné aux habitants de la Terre.

Zeus, le roi des dieux,
s'est mis dans une grande fureur.
D'abord, il a puni Prométhée
en l'attachant pour toujours à un rocher.
Ensuite, il a fait inonder la Terre
et les eaux ont recouvert le monde entier.

La vie dans la Rome ancienne

Les Romains étaient de grands bâtisseurs,
mais aussi de grands soldats.
Ils ont conquis de nombreux territoires.

Un manuscrit romain

Chiffres romains

1	2	3	4	5	6	7	8	9	10
I	II	III	IV	V	VI	VII	VIII	IX	X

L'armée romaine

Certains soldats marchaient à pied.
D'autres allaient à cheval.

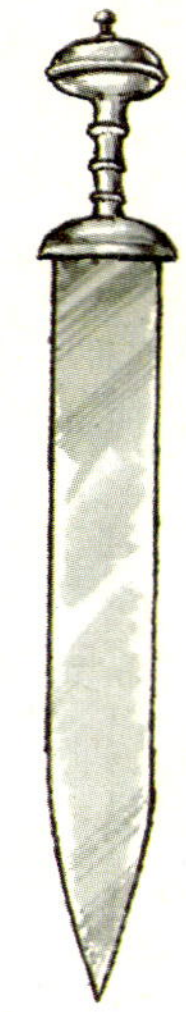

Les soldats romains étaient armés d'épées et de javelots.
Un javelot est une lance légère.

Un centurion commandait 100 soldats.

Pour se protéger, les soldats se cachaient sous leurs boucliers, comme une tortue.

Fabrique une mosaïque

Les Romains décoraient leurs sols de dessins coloriés faits de petits morceaux de pierre. Ces dessins s'appellent des mosaïques.

Pour faire une mosaïque, il te faut :
du papier de couleur,
une feuille de bristol
des ciseaux
de la colle

Coupe la feuille de papier en petits morceaux.

Colle les morceaux sur la feuille de bristol, de façon à ce qu'ils forment un dessin.

Les mesures anciennes

Cet homme se sert de cailloux pour compter. Chaque caillou représente un mouton.

Pour compter, les Chinois se servaient d'un instrument comportant plusieurs rangées de billes. Cet instrument s'appelle un boulier.

Pour calculer, les Incas faisaient des nœuds sur une corde.

Nos ancêtres comptaient aussi

sur leurs doigts

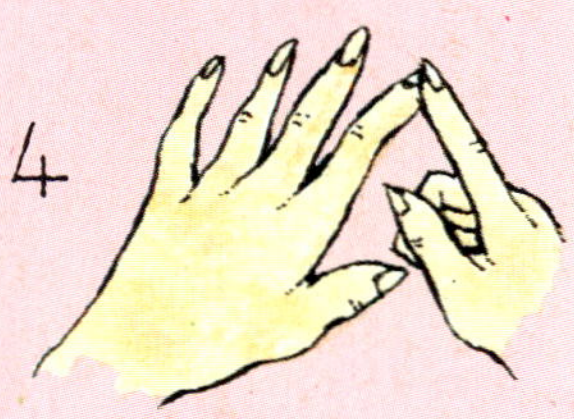

avec des bâtonnets

en taillant des encoches dans du bois

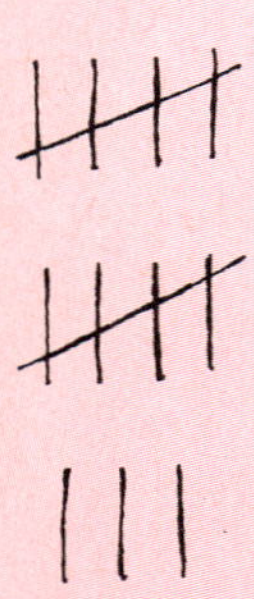

en faisant des marques dans la terre

Quel chiffre représentent ces marques ?

Nos ancêtres se servaient de leurs membres comme unités de mesure.

Une brasse représentait deux fois la distance entre le nez et le pouce du roi Saint-Louis.

La mesure du temps

En se vidant, l'horloge à eau indique l'heure

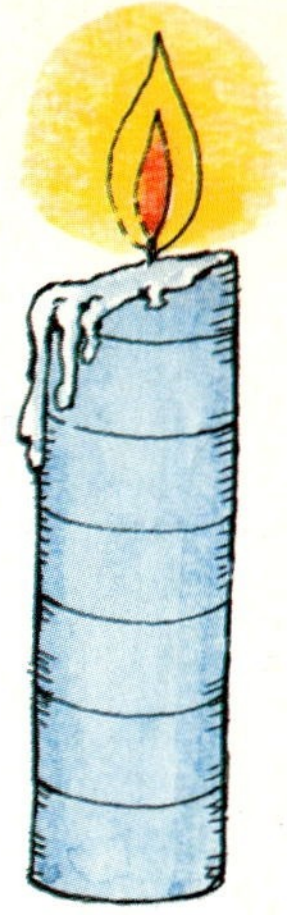

D'une marque à la suivante, l'horloge chandelle mettait une heure pour brûler.

Dans le sablier, le sable mettait une heure pour couler complètement.

L'ombre du soleil nous indique l'heure sur un cadran solaire.

Fabrique une horloge à eau

Prends deux verres en carton. Perce un petit trou au bas d'un des verres.

Pose les verres dans une cuvette comme sur l'image. Remplis d'eau le verre du haut.

Dans le verre, trace une ligne au niveau de l'eau. Trace une ligne tous les quarts d'heure au fur et à mesure que l'eau coule. Remplis de nouveau le verre. Mesure le temps avec ton horloge à eau.

Un cadran solaire

Pique un bâton assez long dans la terre. Marque bien l'endroit où se trouve son ombre. Recommence à différents moments de la journée. Le lendemain, regarde ton cadran solaire : il te permettra de connaître l'heure.

Fabrique une horloge chandelle

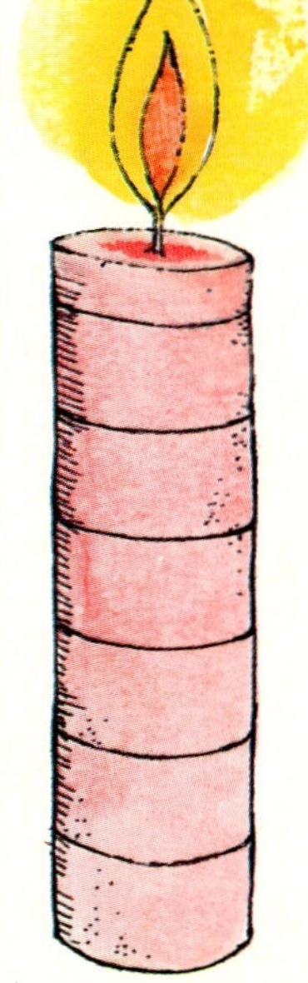

Trace des traits autour d'une bougie. Combien de temps lui faut-il pour brûler d'un trait à l'autre?

Quand les Vikings régnaient sur les mers

Les Vikings sillonnaient les mers sur leurs drakkars.

Un village viking

Fabrique des bijoux vikings

une broche

un pendentif

Découpe des morceaux de carton.

Sur chaque morceau, dessine un motif différent.

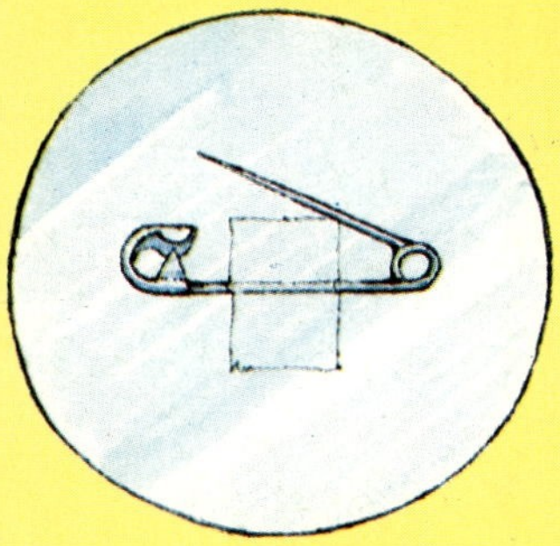

Fixe une épingle sur le dos pour faire une broche.

Accroche le pendentif à un ruban ou à un cordon.

La Chine ancienne

Les Chinois ont construit une grande muraille autour de la Chine pour empêcher leurs ennemis d'y pénétrer.

Les bateaux chinois s'appelaient des jonques. Elles ont navigué vers de nombreux pays.

Les Chinois ont inventé beaucoup de choses.

Ils ont inventé les feux d'artifice.

Les cerfs-volants.

La porcelaine peinte.

Ils fabriquaient de la soie, sur laquelle ils peignaient des tableaux.

Les Chinois portaient de magnifiques vêtements.

L'écriture chinoise est difficile à déchiffrer. Les mots s'écrivent de haut en bas et les lettres sont peintes avec un pinceau.

Les Chinois mangent avec des baguettes.

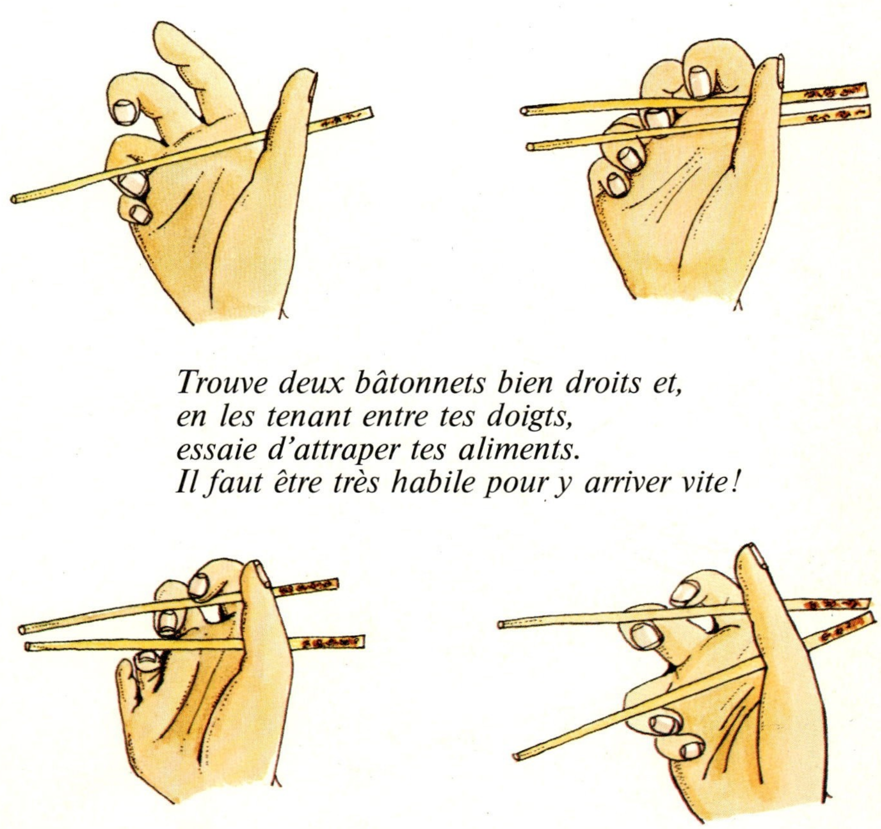

Trouve deux bâtonnets bien droits et, en les tenant entre tes doigts, essaie d'attraper tes aliments. Il faut être très habile pour y arriver vite!

Les habitants des châteaux forts

Il y a bien longtemps, tous ces gens vivaient dans un château fort.
Ils y habitaient pour être à l'abri de leurs ennemis.

Voici le château fort dans lequel ils habitaient.

Le seigneur et sa famille vivaient dans le donjon.

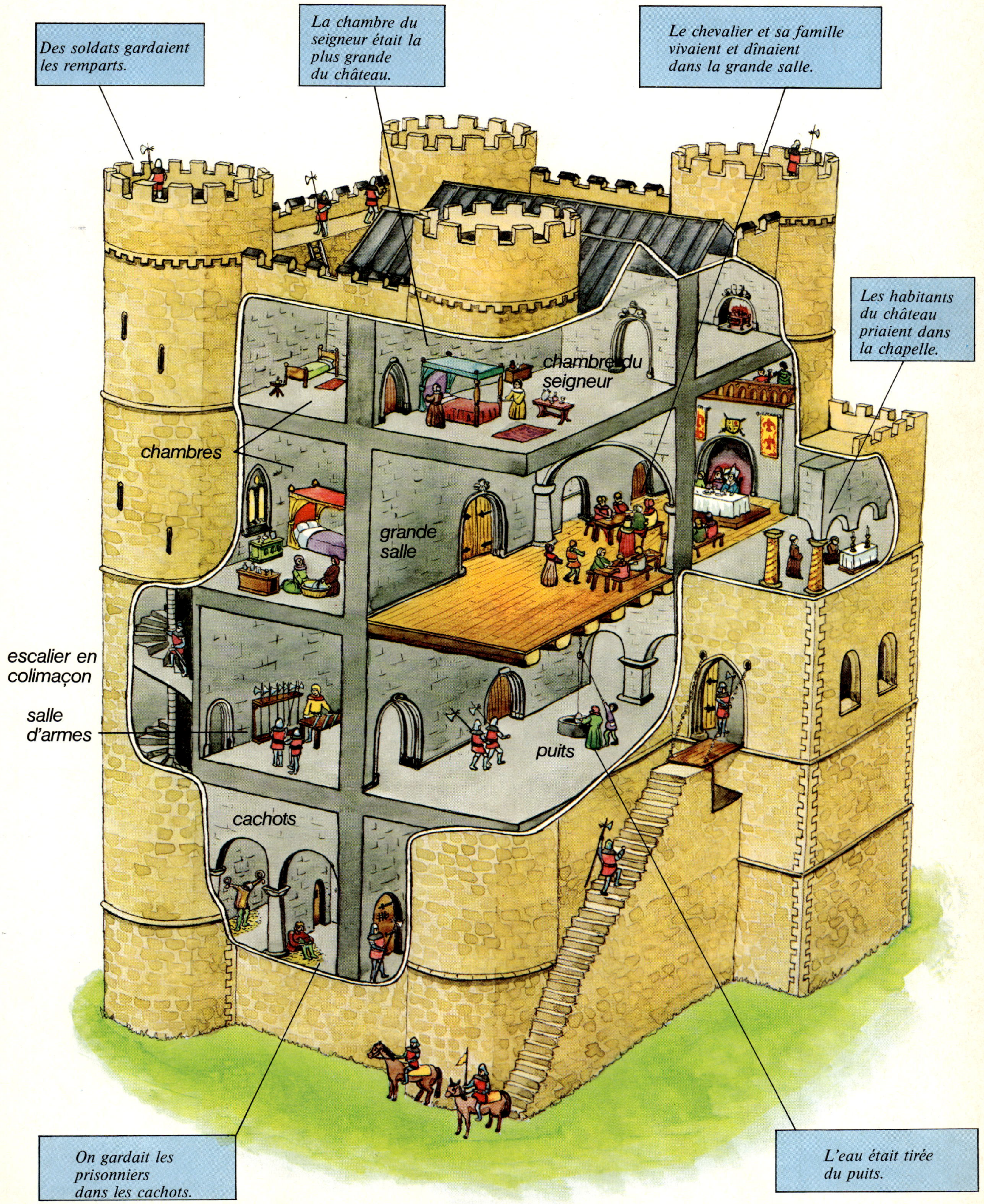

Les chevaliers

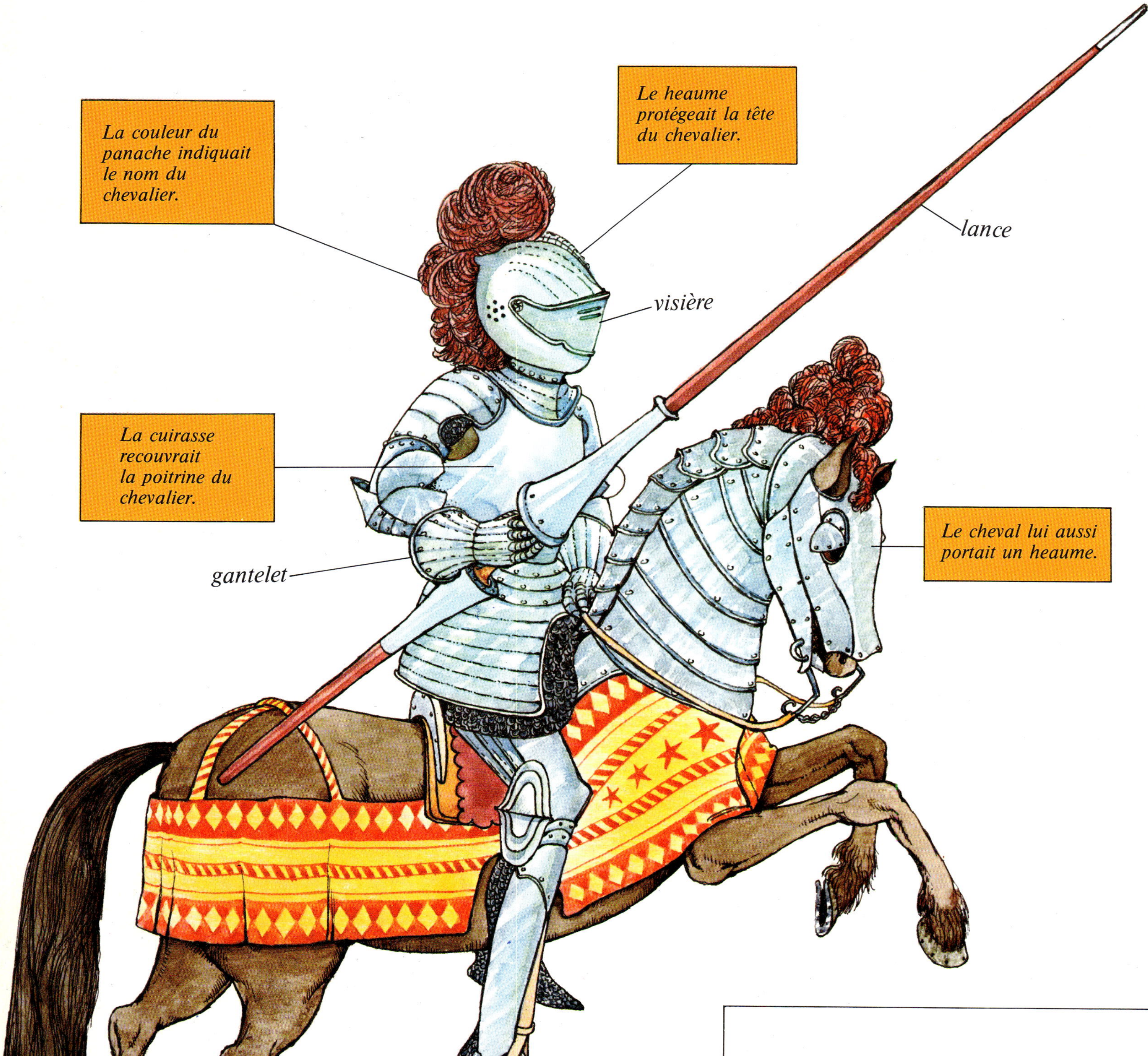

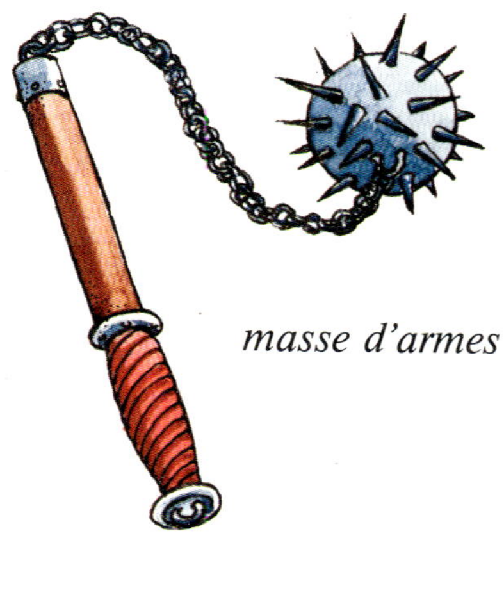

Il y a bien longtemps, les soldats portaient des armures lorsqu'ils disputaient une bataille. Leurs chevaux étaient eux aussi protégés par une cuirasse.

Le chevalier pouvait relever la visière de son heaume.

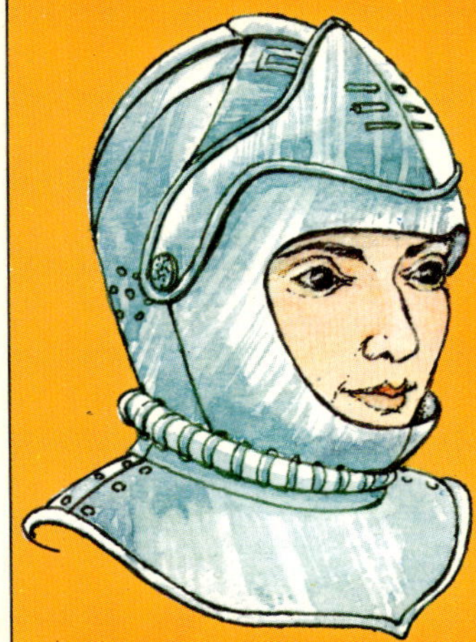

Voilà comment était faite une cotte de maille.

Le chevalier se servait de ces armes lorsqu'il disputait une bataille.

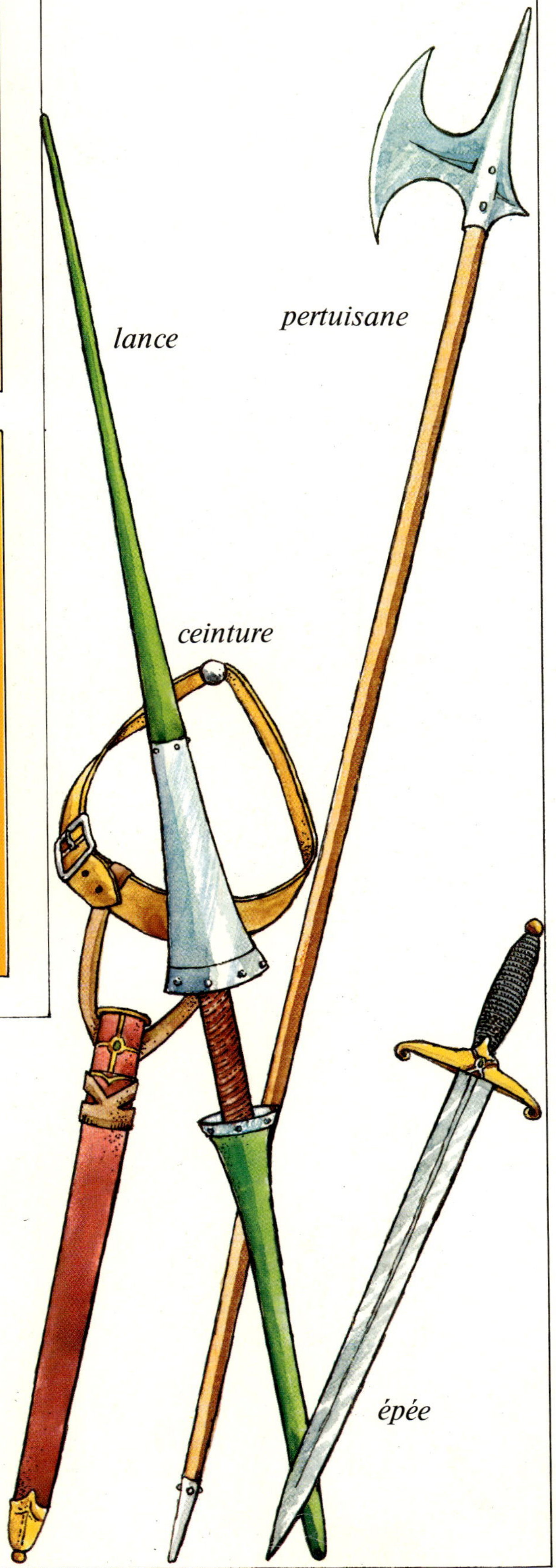

Fabrique un bouclier et une épée

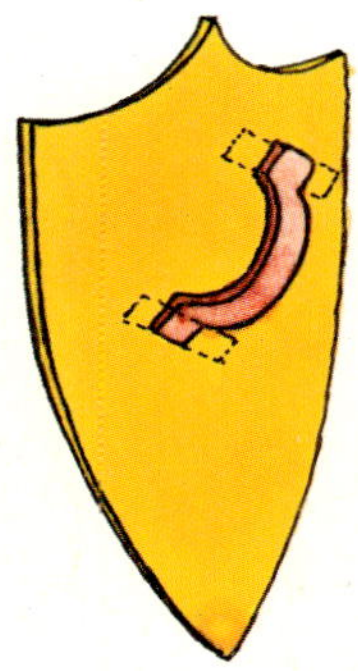

Découpe un bouclier dans du carton fort. Fixe une poignée sur le dos.

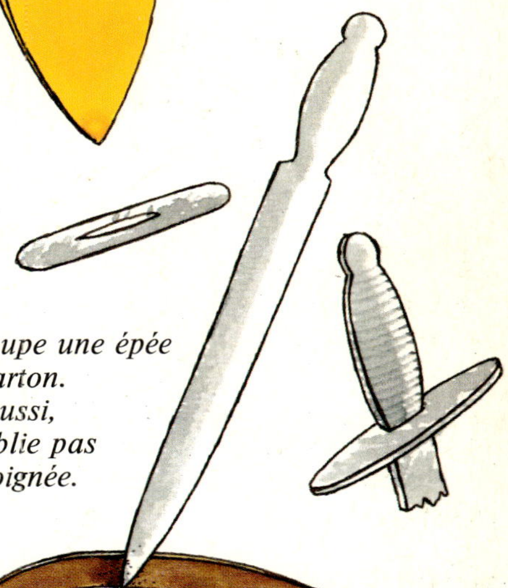

Découpe une épée en carton. Là aussi, n'oublie pas la poignée.

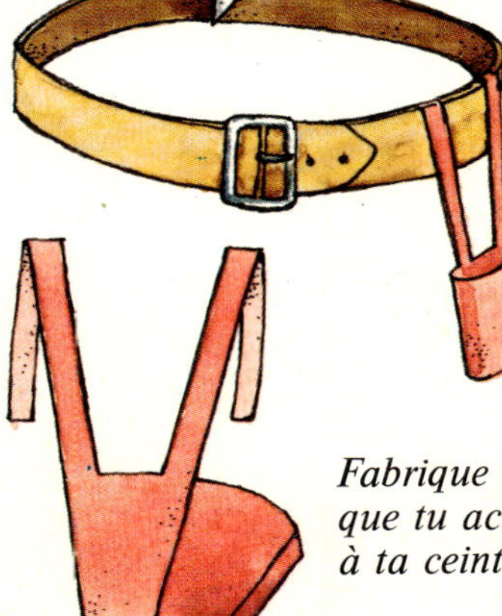

Fabrique un fourreau que tu accrocheras à ta ceinture.

Les bateaux du passé

Pendant des milliers d'années, les hommes du passé ont navigué à la voile ou à la rame.

Les hommes des cavernes ramaient à bord de leurs canots creusés dans des troncs d'arbres.

Ces bateaux de pêcheurs étaient faits de peaux de bêtes.

Cet homme a installé une voile sur son radeau.

Les bateaux de rivière égyptiens étaient faits de roseaux.

Ce navire égyptien pouvait aller en mer.

Les Romains gouvernaient leurs navires avec une grande rame.

Les Vikings traversaient les océans à bord de leurs drakkars.

Des navires comme celui-ci transportaient des marchandises entre l'Asie et l'Europe.

Les clippers allaient très vite.

Les rameurs des galères grecques étaient des esclaves.

Christophe Colomb a découvert l'Amérique avec un bateau comme celui-là.

Les galions espagnols avaient trois mâts.

Ce navire a traversé l'Atlantique avec l'aide de la vapeur en 1838.

Trouve une demi-coquille de noix pour faire la coque.

Pose un morceau de pâte à modeler à l'intérieur.

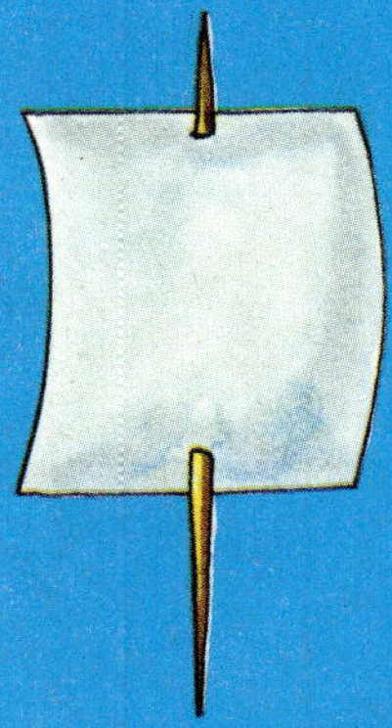

Découpe une voile en papier. Fixe-la à un cure-dents.

Fixe le cure-dents dans la pâte à modeler.

Fais voguer ton bateau en essayant des voiles de différentes formes.

À l'intérieur d'un bateau de guerre

De grands voiliers comme celui-là ont fait longtemps le tour du monde.
Les hommes s'en servaient aussi pour faire la guerre sur mer.
Les matelots réglaient les voiles à l'aide de cordages.
Ils devaient savoir exactement à quoi servait chacun de ces cordages.

La vigie surveillait l'horizon depuis son nid-de-pie.

Les canons tiraient leurs boulets par des ouvertures percées dans le flanc du navire : les sabords.

Le mât d'artimon était le plus proche de l'arrière du navire.

Le capitaine et ses officiers se tenaient sur la dunette arrière, d'où ils donnaient leurs ordres aux matelots.

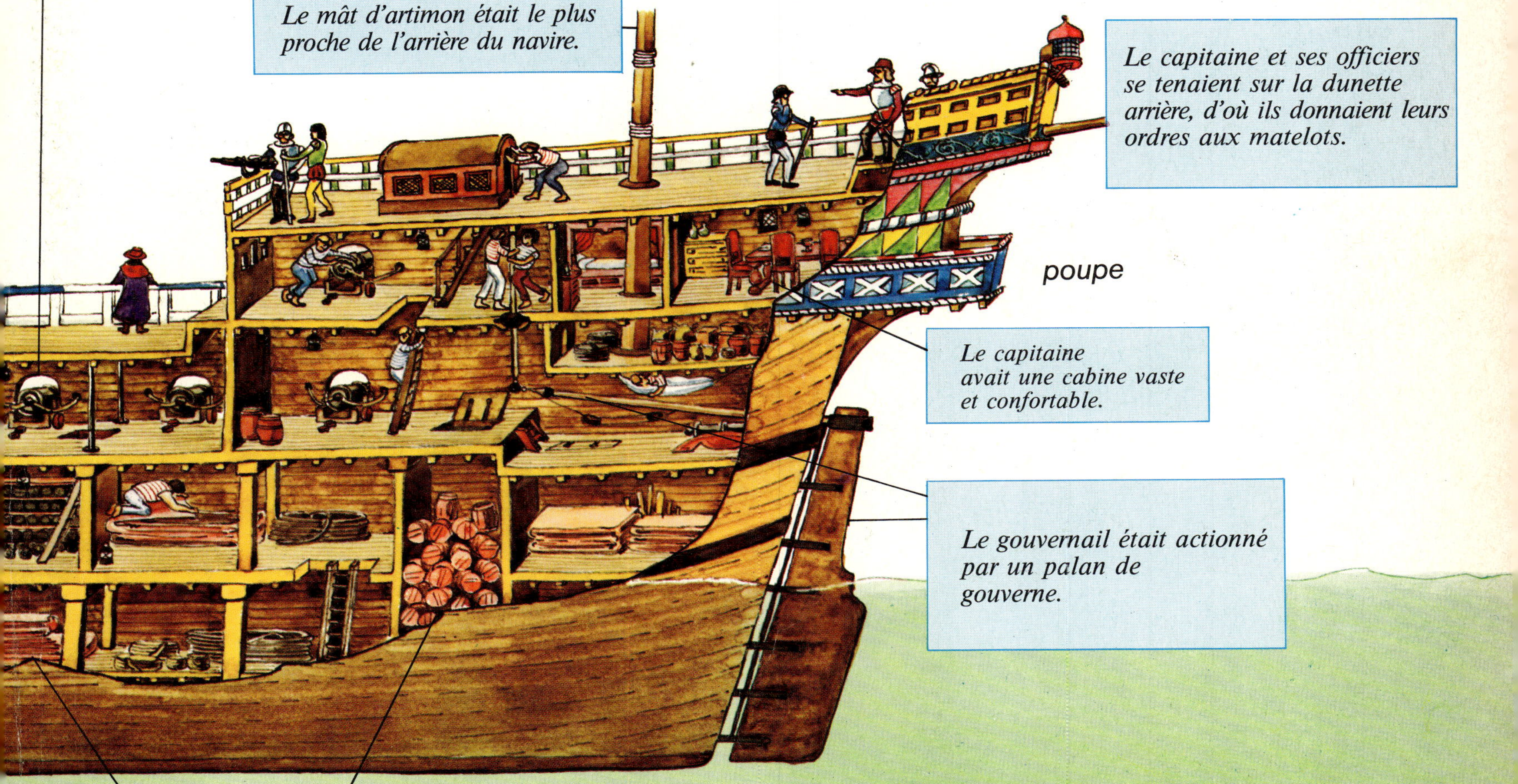

Le capitaine avait une cabine vaste et confortable.

Le gouvernail était actionné par un palan de gouverne.

La cargaison était entreposée dans les cales.

Les cultivateurs du passé

Il y a bien longtemps, les cultivateurs n'avaient pas de machines pour les aider dans les travaux de la ferme.

Des bœufs tiraient la charrue pour creuser les sillons.

Le fermier semait les graines à la main.

Les paysans coupaient le blé à la faucille.

Aujourd'hui

Le tracteur du fermier tire la charrue.

Le tracteur du fermier tire le semoir.

Le fermier transportait le blé au moulin dans une charrette.
Au moulin, le meunier moulait le blé pour faire de la farine.

Quand tout le blé était moissonné, on faisait une fête.

Une moissonneuse-batteuse fauche le blé.

Un tracteur transporte le blé.

Les menus de nos ancêtres

Nos ancêtres mangeaient souvent des plats étranges.

Dans les châteaux, les chevaliers mangeaient des cochons de lait entiers, du cygne rôti et du paon farci.

On faisait rôtir des bœufs entiers sur une broche placée au-dessus du feu.

On mange tous ces animaux!

des escargots

des cuisses de grenouille

de la pieuvre

du serpent

Le pudding de Noël

On enveloppait les ingrédients du gâteau dans un linge et on les faisait cuire.

Le pudding cuit était tout rond.

Le pemmican

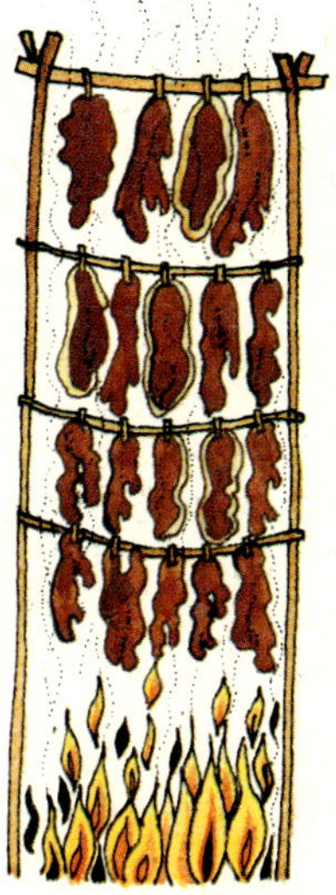

Les chasseurs faisaient sécher de la viande au-dessus d'un feu pour qu'elle se conserve longtemps. Ils en faisaient des gâteaux que l'on appelait du pemmican.

des crabes *des homards*

Autrefois, les repas étaient beaucoup plus copieux qu'aujourd'hui.

Les plats d'un repas de fête.

La vie dans les palais

Le roi Louis XIV s'était fait construire un magnifique palais à Versailles.

Le Roi

La Reine

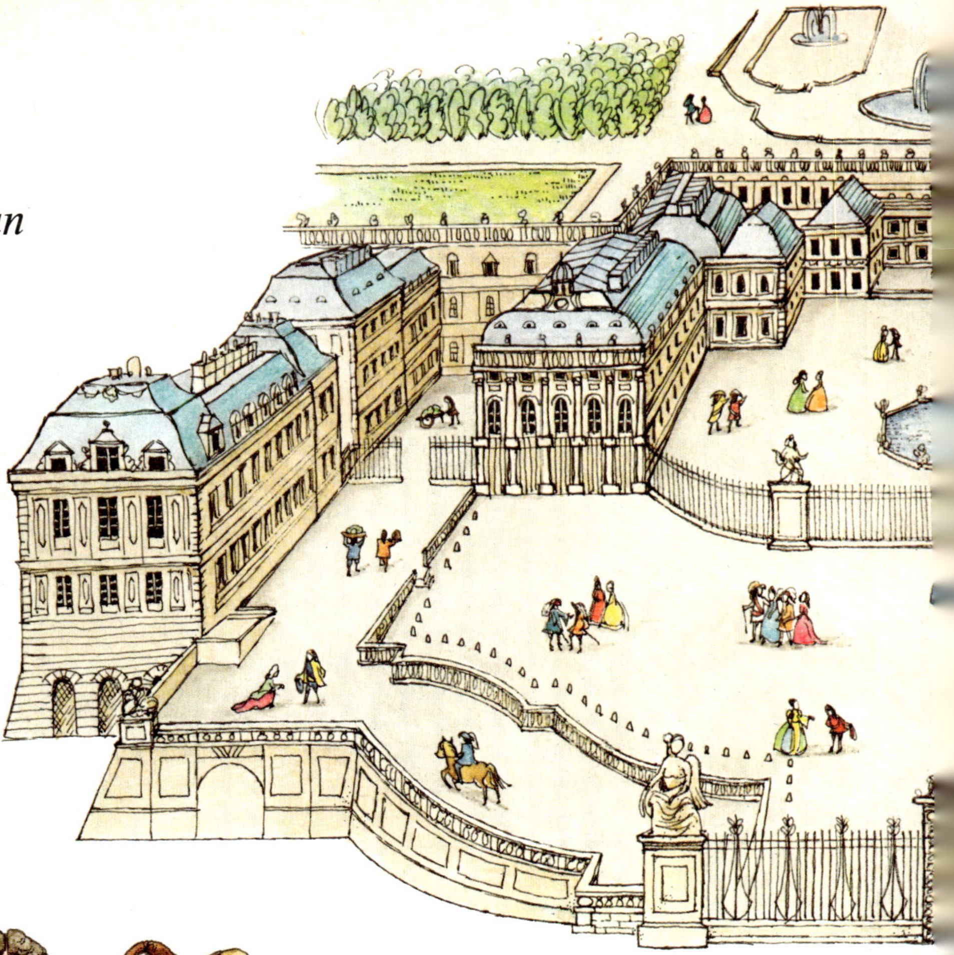

Une journée dans la vie du Roi

Quand le Roi se lève, des nobles l'aident à s'habiller.

Le matin, le Roi part chasser en forêt.

L'après-midi, le Roi se promène dans son parc.

Le soir, il donne un banquet.

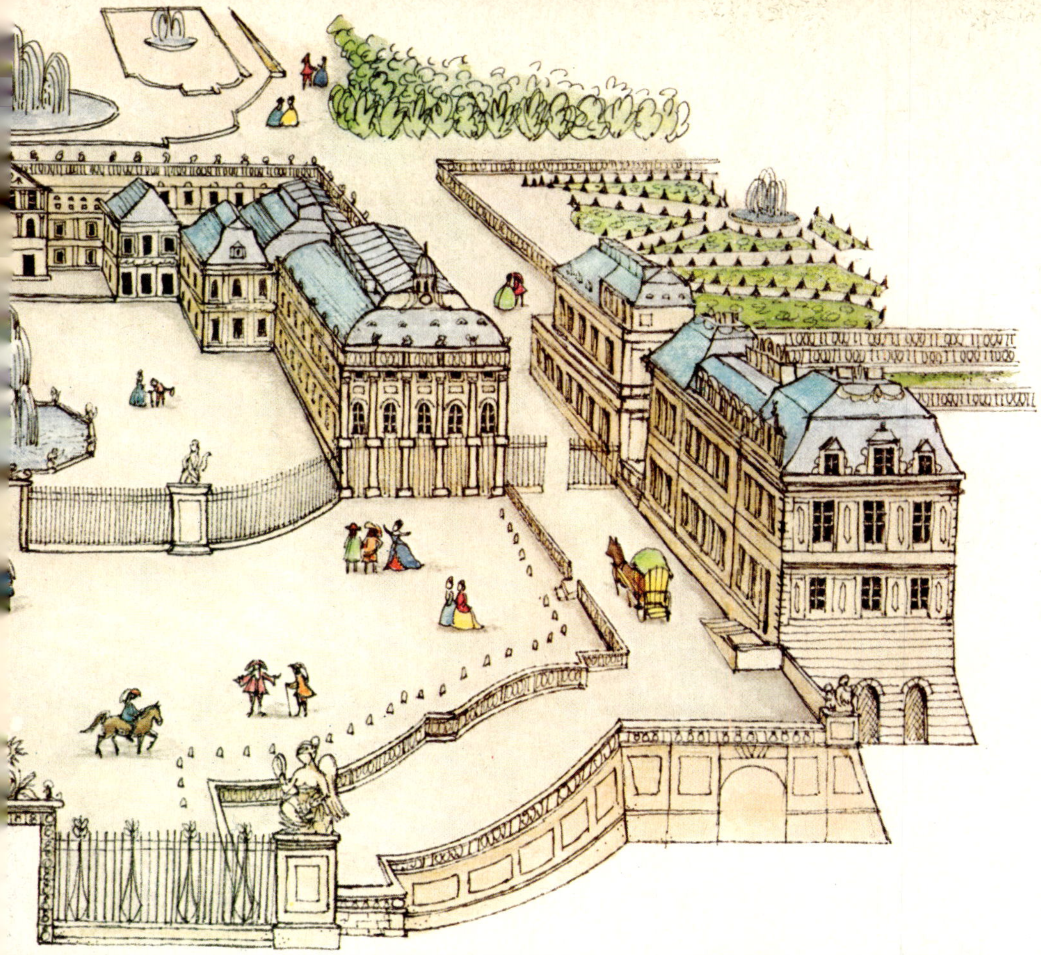

Fais-toi un masque

Découpe le masque dans du bristol.
Peins-le. Décore-le.

Fixe-le sur une baguette pour pouvoir le tenir.

Les sujets du Roi viennent le voir.
Ils lui demandent de les aider.

Après le banquet, le Roi et ses courtisans vont à un bal masqué.

Les Indiens d'Amérique

Il y a longtemps, très longtemps, seuls les Indiens vivaient en Amérique du Nord.
Il y avait de nombreuses tribus indiennes différentes.
Voici le camp d'une tribu d'Indiens qui vivaient dans les grandes plaines du Canada.

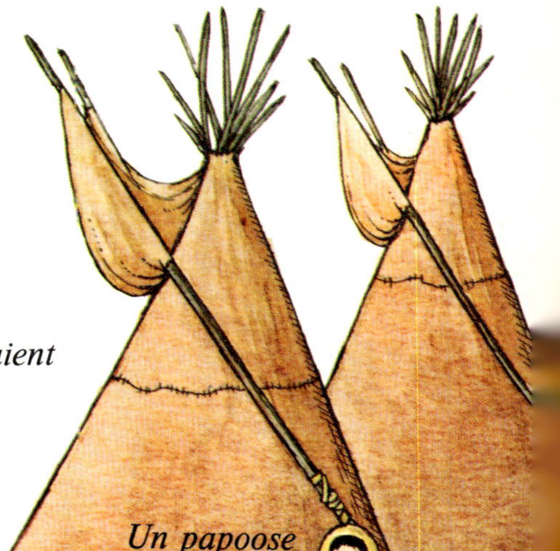

Quelques tribus indiennes

Navajo

Iroquois

Les Haidas fabriquaient des totems.

Sioux

Apaches

Le langage par gestes

Quand une tribu parlait à une autre tribu, elles communiquaient par gestes.

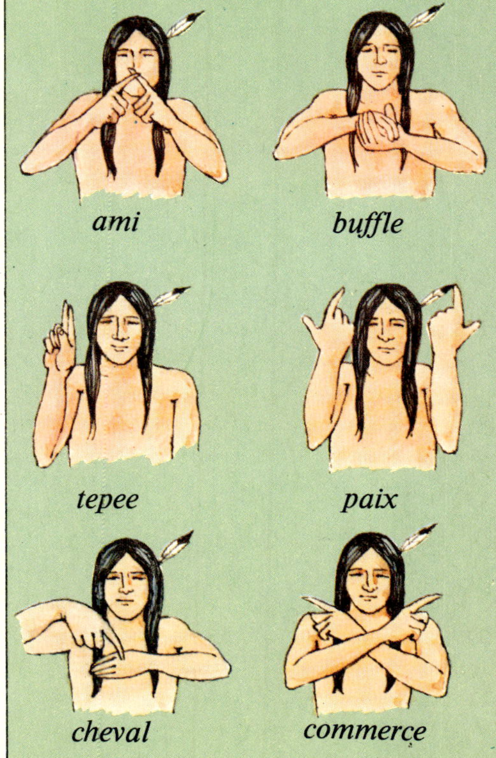

Pour faire une coiffe de plumes

Il te faut :
du papier, du tissu, de la colle, des ciseaux, de la peinture, des épingles.

Dessine une plume sur du papier.

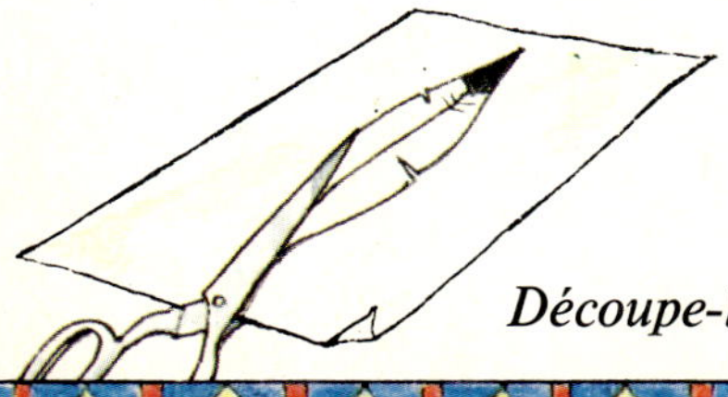

Découpe-la.

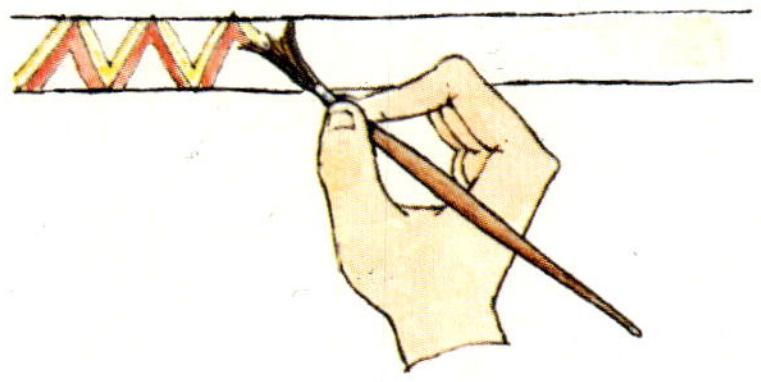

Découpe une bande de papier pour mettre autour de la tête. Peins des motifs dessus.

Colle la plume sur le bandeau.

Tresse des bandes de tissus pour en faire des nattes. Epingle-les sur ton bandeau.

Colons et Pionniers

*Il y a longtemps,
un certain nombre de gens quittèrent l'Europe.
Ils allèrent vivre en Amérique.
Ils recherchaient une vie meilleure.*

*Ils durent beaucoup travailler.
Ils défrichèrent des terres
pour les cultiver.
Ils construisirent
des maisons en rondins.
As-tu remarqué la femme qui
fabrique des chandelles?*

À l'intérieur d'une maison de bois

En route vers l'Ouest

Les colons ont découvert tout cela en Amérique.

De plus en plus de gens venaient vivre en Amérique.
Ils cherchaient des terres riches pour les cultiver.
Parfois ils traversaient l'Amérique d'un bout à l'autre.
Ils transportaient tous leurs biens avec eux dans des chariots.
Parfois, les Indiens essayaient de les repousser.

La vie des cow-boys

Les cow-boys surveillaient le bétail dans les plaines d'Amérique du Nord.
Le cheval était très important pour un cow-boy.
Grâce à lui, il pouvait aller partout.

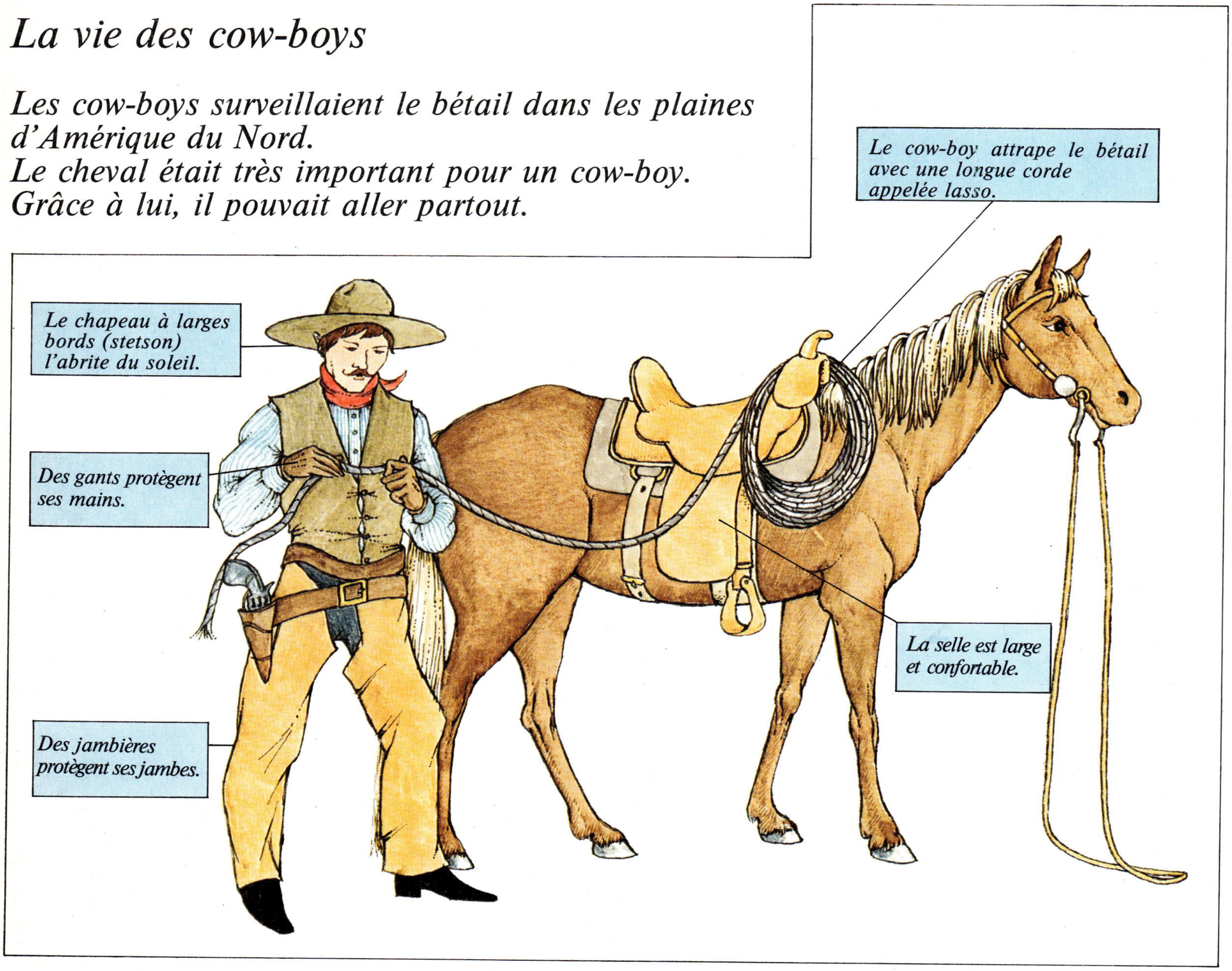

De retour au ranch

Sur les terres du domaine

Le bétail vit en liberté dans la prairie.
Chaque ranch marque son propre bétail au fer rouge.

Ce cow-boy vient d'attraper un veau avec son lasso.

Le veau est marqué au fer rouge.

Voici quelques marques.

Les cow-boys rassemblent le bétail pour le conduire au marché.

Cette cantine roulante apporte de la nourriture et de l'eau aux cow-boys.

Les machines du passé

Nous avons chez nous beaucoup de machines.

*Quand on a inventé ces machines,
elles étaient très différentes.*

En voici quelques-unes.

Cette femme passe l'aspirateur.

Cette femme doit frotter le sol.

Il fallait tourner une manivelle pour faire marcher cette machine à laver. Le linge était essoré avec une calandre.

Comment les choses ont changé

La première machine à faire le thé. Quand la sonnerie se déclenchait, une allumette s'enflammait et allumait un réchaud. Quand l'eau bouillait, la bouilloire versait l'eau dans une théière.

1902

Aujourd'hui

Cette femme tourne la manivelle de sa machine à coudre.

Ce téléphone avait une manivelle pour appeler l'opératrice.

Une des premières machines à écrire.

Peux-tu trouver ces choses dans la salle de bain?
1 Baignoire
2 Chauffe-eau
3 Douche
4 Lavabo
5 WC
6 Chasse d'eau

1900

Ce gramophone ou tourne-disque devait être remonté avec une manivelle.

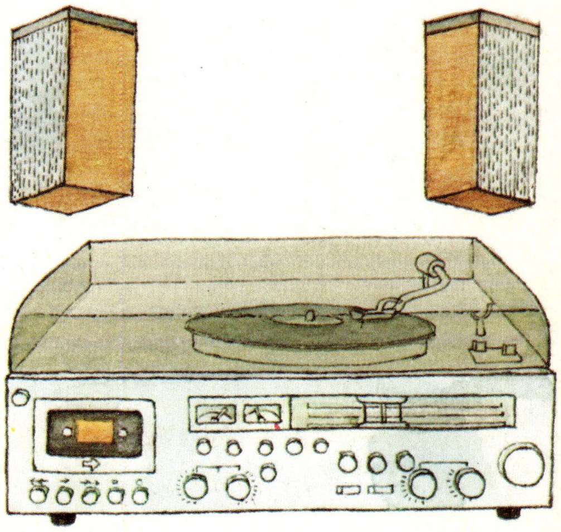

Aujourd'hui

Les enfants

Bébés

Les Indiens d'Amérique portaient leurs bébés ou papooses sur leur dos.

Ce bébé est dans un berceau de bois à bascule.

Les bébés portaient de très nombreux vêtements, comme leurs mamans.

Âge de pierre

Ancienne Egypte

Rome ancienne

France en 1066

Italie en 1400

Espagne en 1600

Hollande en 1700

France en 1750

Angleterre en 1800

Amérique en 1850

Des jouets d'autrefois

Jeu des neuf pins de l'ancienne Egypte.

Cerfs-volants de Chine.

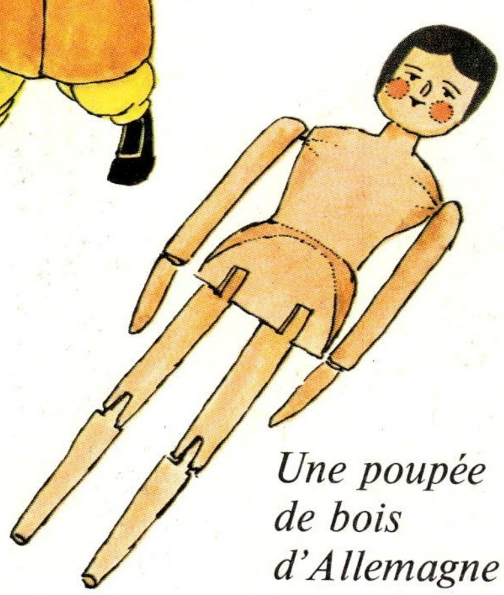

Une poupée de bois d'Allemagne

Soldats de plomb

Nos grands-mères portaient

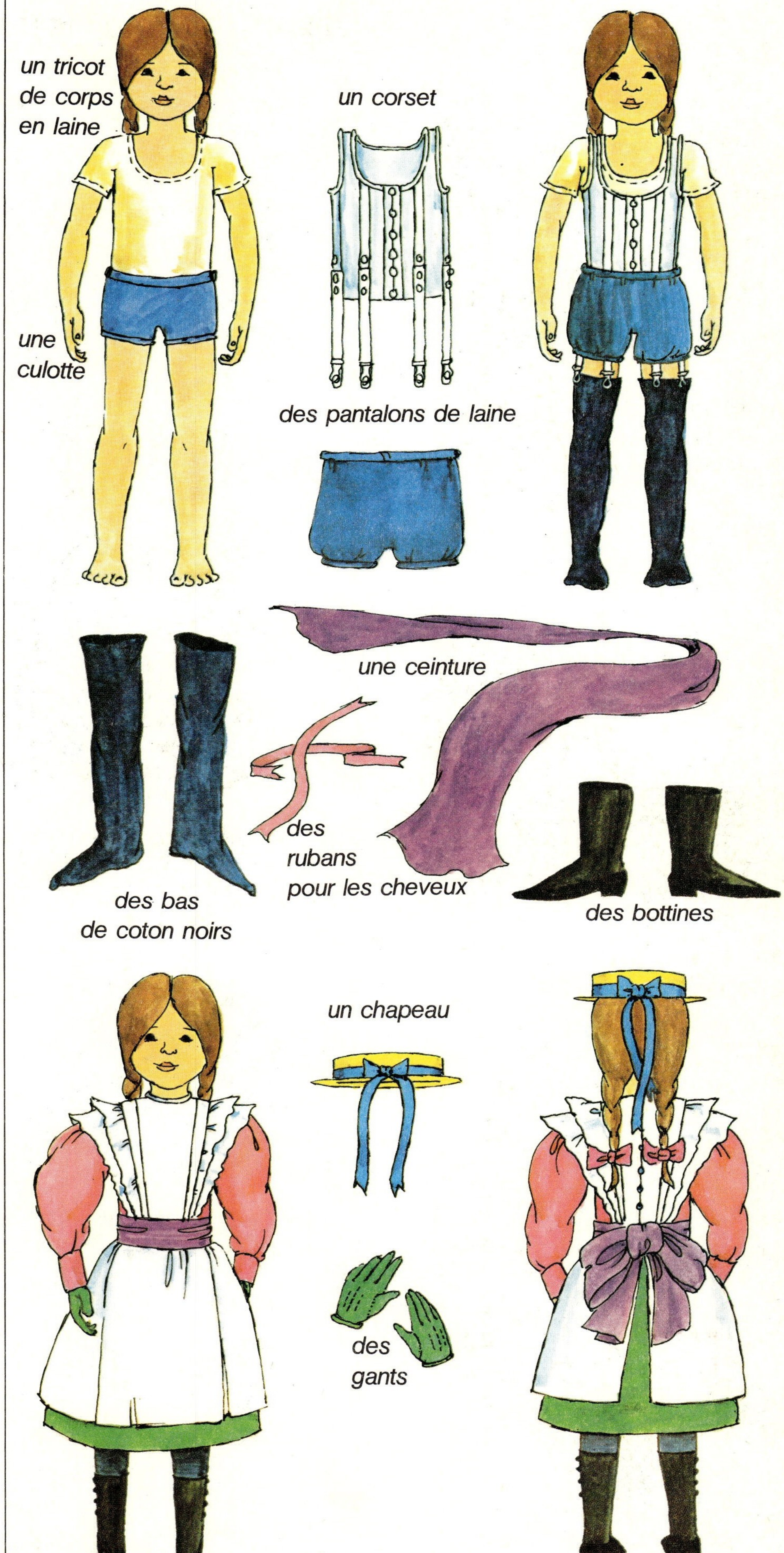

L'histoire des transports

L'homme des cavernes devait marcher à pied.

Plus tard, l'homme a domestiqué le cheval.

Un bœuf tire une charrette à roues.

Une malle-poste 1830

Une draisienne 1817

Une automobile à vapeur 1858

Ford modèle T 1908

Voiture de sport 1970

Citroën 1938

Fusée de Stephenson 1829

Un carrosse royal.

L'automobile Benz avait un moteur à pétrole. 1899

Un train en 1900.

Locomotive 1935

Locomotive électrique

Un train monorail japonais

L'utilité de la roue

Il est plus facile de tirer un chargement sur des cylindres que de le tirer sur le sol.

Avec des roues, le travail est encore plus facile.

Avec une poulie, on peut soulever de lourdes charges.

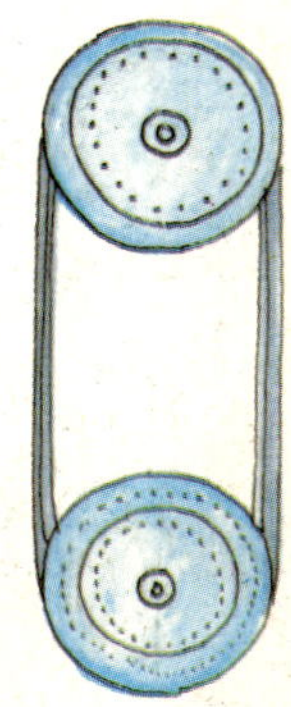

Des roues peuvent faire tourner d'autres roues.

Des engrenages actionnent le mécanisme d'une horloge.

Les roues de voitures ont des pneus.

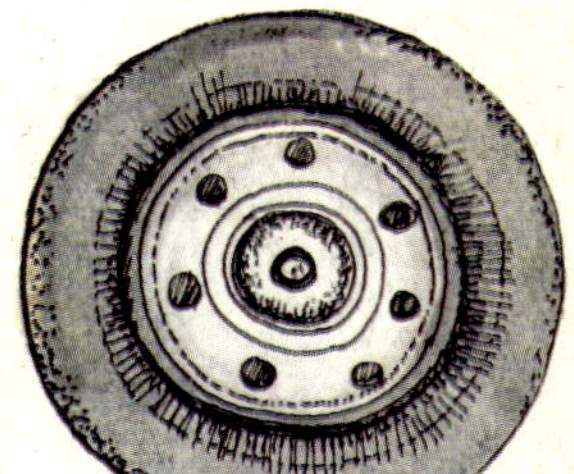

Les roues des wagons maintiennent les trains sur les rails.

Les premiers trains

Les passagers de première classe voyageaient dans des wagons fermés.

Les autres passagers voyageaient dans des voitures ouvertes.

Des trains comme celui-ci transportaient des voyageurs à travers l'Amérique.

Les trains transportent des passagers, des animaux et toutes sortes de marchandises.

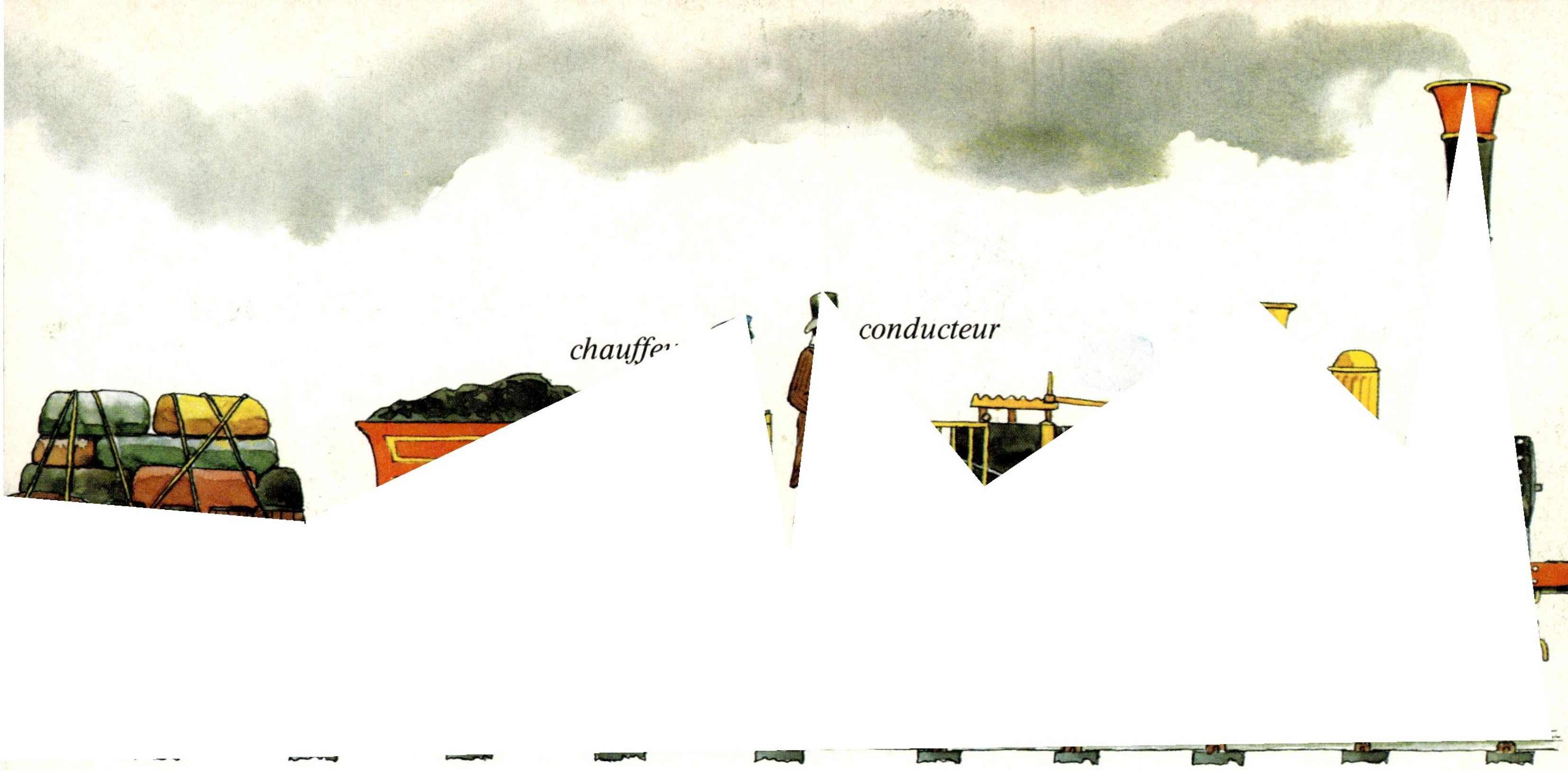

On mettait les bagages dans le fourgon à bagages.

Le tender transportait le charbon pour la locomotive.

Les locomotives marchaient à la vapeur.

Sur les routes

La première automobile ressemblait à un carrosse. Mais elle marchait avec un moteur au lieu d'être tirée par un cheval.

Daimler de Gottlieb 1886

autobus 1912

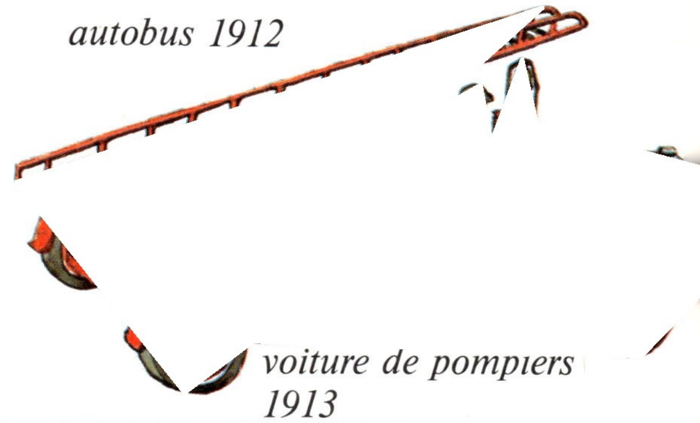

voiture de pompiers 1913

Automobiles d'hier et d'aujourd'hui

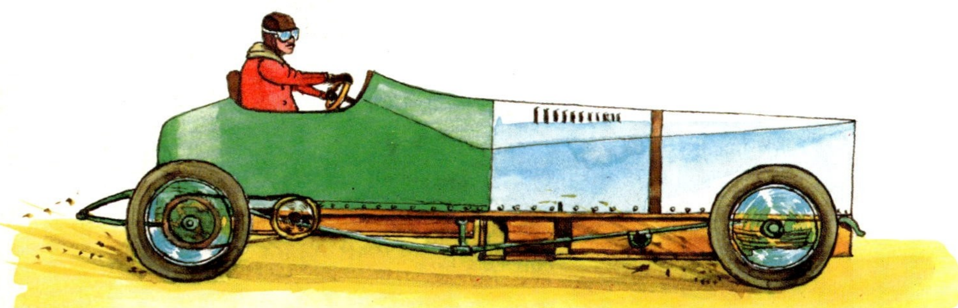

Gobron-Brillé 1904

Delage Runabout 1913

Austin 7 1922

Mercedes 300 SL 1955
On a surnommé cette voiture "l'Aile de Mouette".

Des véhicules utilitaires

camion à charbon 1918

tracteur 1903

camion-citerne
1923

1793

1899

1936

Deux roues

Rolls Royce Phantom I 1925

Lotus Elan 1965

Des voitures puissantes venant de nombreux pays participent à des courses automobiles

L'histoire de l'aviation

L'homme a toujours rêvé de voler comme les oiseaux.

Deux Français, les frères Montgolfier, furent les premiers à voler. Il y a environ 200 ans, ils s'élevèrent dans le ciel à bord de leur ballon à air chaud.

L'ingénieur allemand Lilienthal vola à bord de cet engin, il y a environ 80 ans.

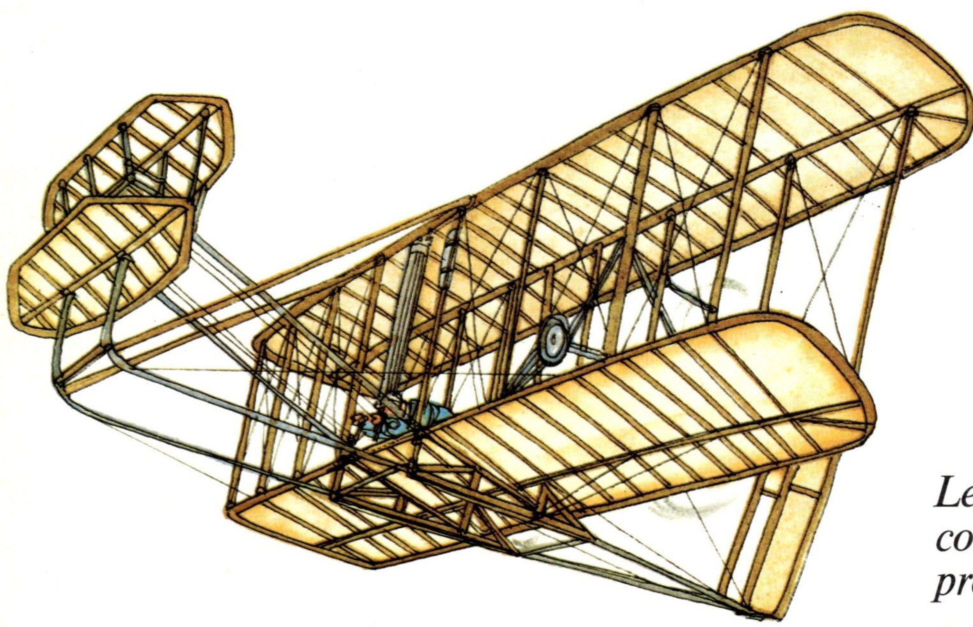

Les frères Wright, des Américains, construisirent le premier avion propulsé par un moteur en 1903.

En 1909, le pilote français Blériot traversa en avion la Manche, mer qui sépare la France de l'Angleterre.

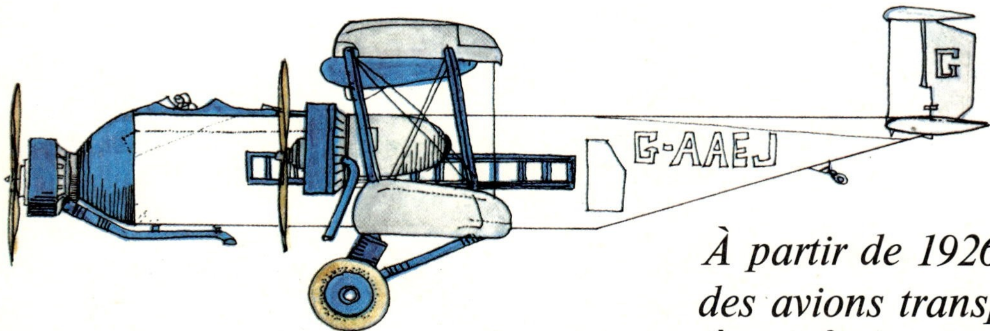

À partir de 1926, des avions transportèrent des passagers aux quatre coins du monde.

Le premier hélicoptère vola en 1940.

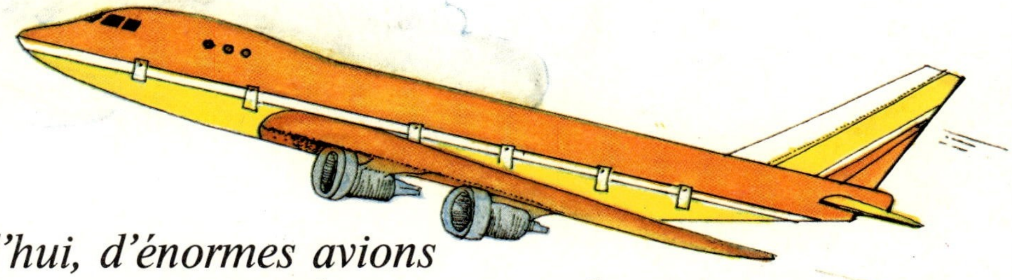

Aujourd'hui, d'énormes avions à réaction transportent des centaines de passagers dans tous les pays du monde.

Pour faire un avion en papier

Plie une feuille de papier en deux dans le sens de la longueur.

Plie les deux coins d'un même côté.

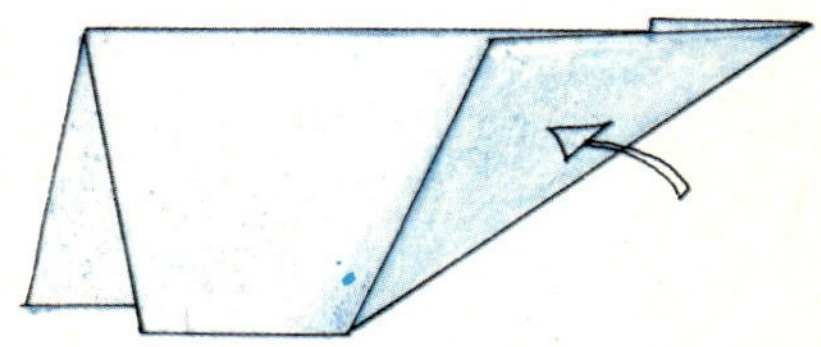

Replie-les une nouvelle fois.

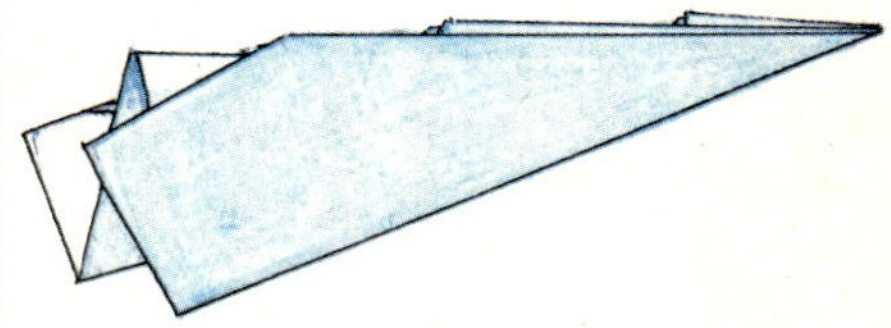

Replie-les encore une fois.

Retourne l'avion. Tu peux le faire voler.

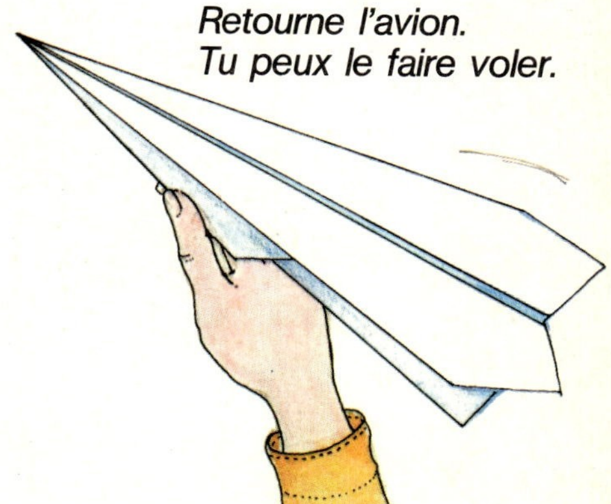

Une maison d'autrefois

grenier
chambre de bonne
armoire à linge
salle de bain
palier
salle de billard
entrée
bonne
joueur d'orgue de Barbarie

La naissance d'une ville

Il y a longtemps, bien longtemps, des hommes ont bâti un village près d'une rivière. Ils puisaient l'eau dans la rivière.

D'autres hommes sont venus s'installer dans le village. Ils ont construit un pont sur la rivière.

Après l'invention du chemin de fer, les trains permirent à d'autres familles de venir s'installer et la ville grandit de plus en plus.

On construisit de nouvelles usines, de nouveaux ponts et de nouvelles maisons.

Une famille était plus riche que les autres. Elle se fit bâtir une grande maison.

Cette riche famille construisit une usine. Des gens vinrent y travailler. Ils construisirent de nouvelles maisons. Le village était devenu une ville.

La grande maison fut démolie pour faire place à une usine.

Peu à peu, les vieilles maisons disparurent. De grands immeubles les remplacèrent. Le village d'hier est aujourd'hui une grande ville.

Amuse-toi à trouver la réponse

Qu'est-ce que c'est?
Si tu ne sais pas, les numéros t'indiquent quelle page tu dois regarder.

9

18

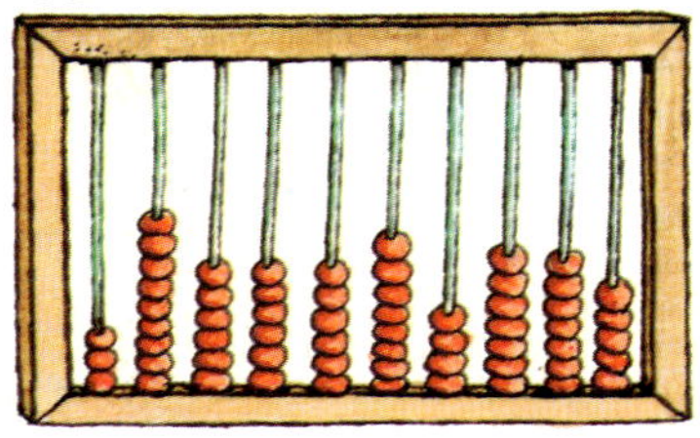

26

33

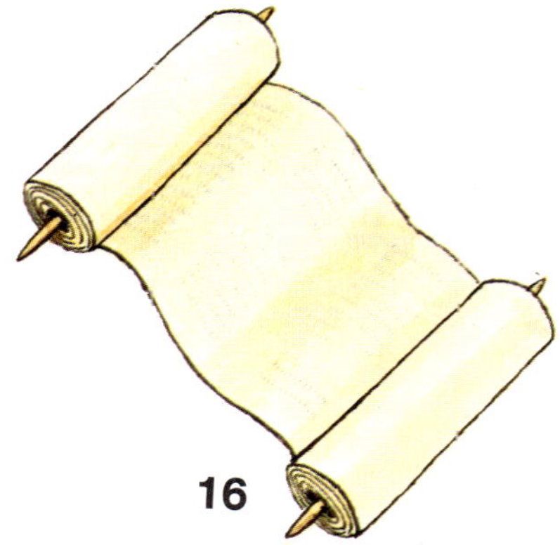
16

35

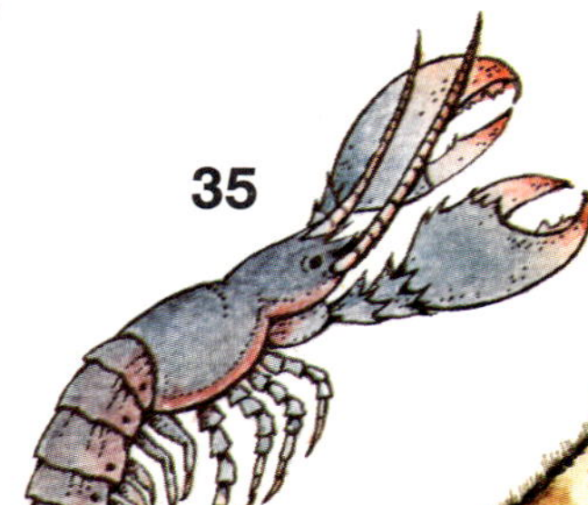

46

8

10

19

45

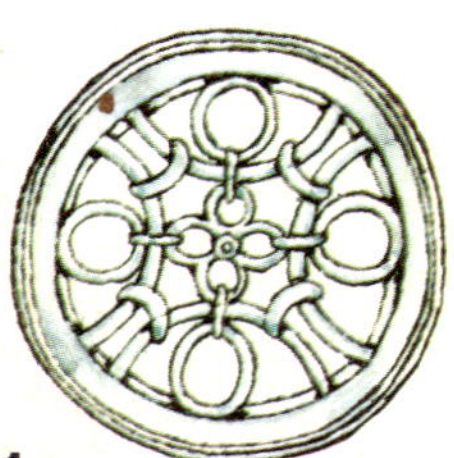
21

Trouve les réponses à ces questions.
Les numéros t'indiquent quelle page regarder.

Sur quoi les hommes des cavernes peignaient-ils? (11)
Où les Egyptiens enterraient-ils leurs rois? (12)
Qui était Zeus? (14)
Que construisaient les Romains? (16)
Qu'est-ce qu'une douve? (24)

Qu'est-ce qu'une lance? (27)
Qu'est-ce qu'un drakkar? (20 et 28)
D'où viennent les tomates? (41)
Qu'est-ce qu'un lasso? (42)
Qu'est-ce qu'un corset? (47)

Trouve l'intrus

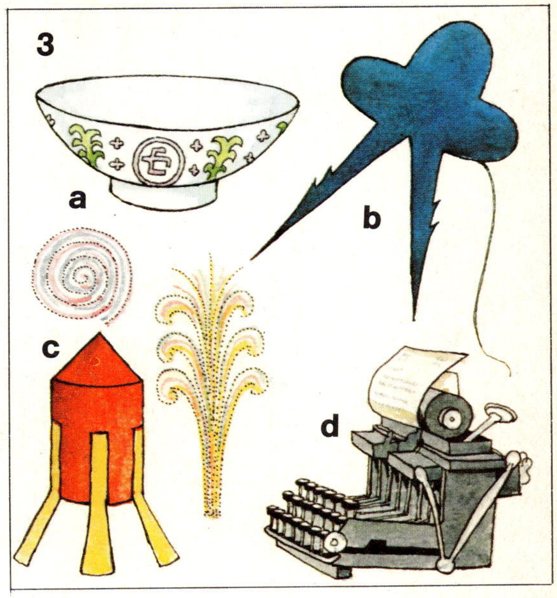

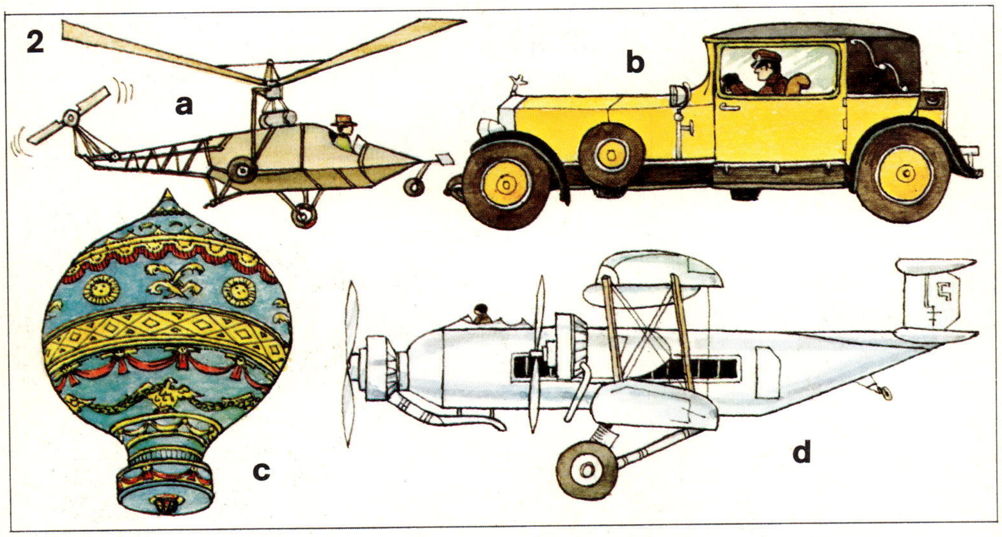

Qui sont ces gens?
Les numéros t'indiquent quelle page tu dois regarder.

Réponses

Qu'est-ce que c'est?

8 une girafe
9 un ptéranodon
10 une hache de pierre
16 un manuscrit romain
18 un boulier
19 un sablier
21 une broche viking
26 une masse d'armes
33 un moulin à vent
35 un homard
45 un gramophone
46 un papoose (bébé indien)

L'intrus est

1c L'éléphant, qui n'est pas un dinosaure.
2b L'automobile, qui ne vole pas.
8d La machine à écrire, qui n'a pas été inventée dans la Chine ancienne.

Qui sont ces gens?

10 une femme des cavernes
12 un habitant de l'ancienne Egypte
14 Athéna, une déesse grecque
16 un soldat romain
26 un chevalier
38 un Indien d'Amérique
40 un colon américain

un Viking

un bouclier

une squaw

un boulier
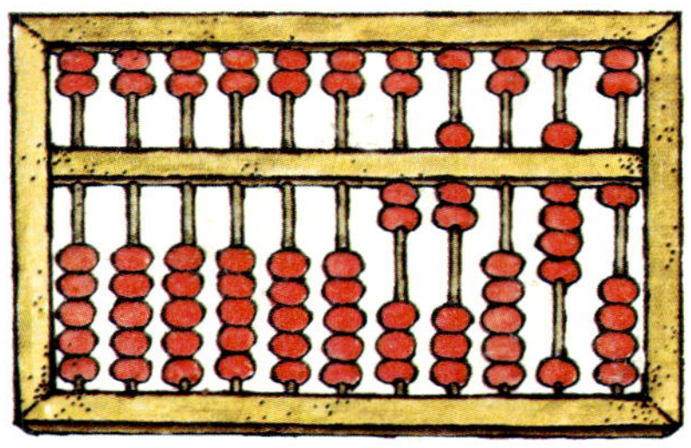

un chapeau à ruban

une pyramide

un dindon

un cow-boy

Ceux qui vont ensemble sont :

le drakkar et le Viking
le bouclier et le chevalier
le papoose et la squaw
le diplodocus et le stégosaure
le boulier et la Chinoise
l'automobile Benz et l'automobiliste

un Egyptien

une hache de pierre

un manuscrit romain

une petite fille

un chapeau à plumet

un automobiliste